# BEI GRIN MACHT SICH IHR WISSEN BEZAHLT

**Bibliografische Information der Deutschen Nationalbibliothek:**

Die Deutsche Bibliothek verzeichnet diese Publikation in der Deutschen National-
bibliografie; detaillierte bibliografische Daten sind im Internet über http://dnb.d-
nb.de/ abrufbar.

**Impressum:**

Copyright © 2018 GRIN Verlag
Druck und Bindung: Books on Demand GmbH, Norderstedt Germany
ISBN: 9783668919006

**Dieses Buch bei GRIN:**

https://www.grin.com/document/462338

**Philip Puhl**

# Quantitatives Pairs Trading aus finanzwissenschaftlicher Sicht

## Renditechance und Risikoprofil

GRIN Verlag

## GRIN - Your knowledge has value

Der GRIN Verlag publiziert seit 1998 wissenschaftliche Arbeiten von Studenten, Hochschullehrern und anderen Akademikern als eBook und gedrucktes Buch. Die Verlagswebsite www.grin.com ist die ideale Plattform zur Veröffentlichung von Hausarbeiten, Abschlussarbeiten, wissenschaftlichen Aufsätzen, Dissertationen und Fachbüchern.

**Besuchen Sie uns im Internet:**

http://www.grin.com/

http://www.facebook.com/grincom

http://www.twitter.com/grin_com

# Quantitatives Pairs Trading - Renditechance und Risikoprofil

Seminar in Betriebliche Finanzierungslehre

Universität Köln

Philip Puhl

**Inhaltsverzeichnis**                                                      **Seiten**

# 1. Einleitung

Strategien, welche scheinbar Arbitragegewinne an den Finanzmärkten erzielen, beeindrucken schon seit einigen Jahren die Investoren an den Börsen weltweit.

Immer größere Aufmerksamkeit erlangt in diesem Kontext ein spezielles quantitatives Handelskonzept, das sogenannte Pairs Trading. Dieser quantitative Investmentansatz gilt als Vorläufer der statistischen Arbitrage. [1] Die Strategie zielt darauf ab, durch die Ausnutzung kurzzeitiger Marktineffizienzen einen möglichst risikoarmen Arbitragegewinn an verschiedenen Märkten zu realisieren. Arbitrage wird allerdings mit Risikofreiheit gleichgesetzt, welches sich mit dem Konzept des Pairs Trading nicht vereinen lässt. In dieser Untersuchung werden Arbitragegeschäfte als risikoarme Gewinnchancen eingestuft. Nath (2003) spricht in diesem Kontext eher von „Erwarteter Arbitrage"[2]. Kurzgesagt werden beim Pairs Trading einfach zwei Aktien-Paare von strukturell ähnlichen Unternehmen identifiziert welche einen fast identischen Kursverlauf in ihrer Historie aufweisen. Im Zuge kurzzeitiger Preisabweichungen versucht der Pairs Trader dann, unter der Annahme dass die Paare in ihre Gleichgewichtsbeziehung zurückkehren, einen Arbitragegewinn zu erzielen.[3] Welche Hauptmerkmale bei der Implementierung einer Pairs Strategie berücksichtigt werden müssen fasst Nath (2003) eingangs in seiner Studie zusammen.[4] Bisher wurde über die Renditemöglichkeiten und das Risiko der Pairs Trading Strategie relativ wenig untersucht und insgesamt in der akademischen Literatur eher vernachlässigt, dieser Auffassung sind auch Jacobs und Weber(2015).[5]

Die vorliegende Arbeit hat das Ziel zu überprüfen, ob das statistische Arbitrage Pairs Trading Konzept grundsätzlich eine profitable Anlagestrategie ist und ob diese risikolos ist. Zudem soll die Frage beantwortet werden, ob und wo Optimierungsspielraum in der Pairs Trading Strategie möglich ist um die Rendite zu erhöhen bzw. das Risiko zu minimieren.

In Kapitel zwei werden Grundlagen der Pairs Trading Strategie ausführlich erläutert und beispielhaft an zwei fiktiven Aktien dargestellt. Weiterhin werden vier wesentliche Identifikationsansätze erläutert. Im Hauptteil werden dann empirische Ergebnisse verglichen und im Hinblick auf die Performance und des Risikoprofils analysiert. Als Basis dieser Analyse dient die meist zitierteste und vielfach erweiterte Methodik von Gatev et al.(2006). Im Schlussteil wird ein Fazit und eine Aussicht des Pairs Trading erfolgen.

---

[1] Vgl. Avellaneda, Lee (2008), S. 2.
[2] Vgl. Nath (2003), S. 2.
[3] Vgl. Vidyamurthy (2004), S. 74ff.
[4] Vgl. Nath (2003), S. 4.
[5] Vgl. Jacobs / Weber (2015), S. 1.

## 2. Theoretische Grundlagen

### 2.1 Definitionen

#### 2.1.1 Begriff des Quantitativen Investments

Viele Investoren sind nicht dem Problem ausgesetzt viele Informationen zu beschaffen, welche die Grundlage zukünftiger Investitionsentscheidungen bilden. Vielmehr sind es komplexe Datensätze, die es richtig einzuordnen und zu verarbeiten gilt. Besonders bei quantitativen Handelsstrategien wie dem statistischen Pairs Trading, wo Fundamentaldaten als auch statistische ökonometrische Kennzahlen ausgewertet werden, könnte der Mensch an seine kognitiven Grenzen stoßen. Dieser Umstand kann leichtsinnige Anlageentscheidungen einleiten. Quantitative Methoden können den Anspruch an strukturierte Ansätze erfüllen. Diese sind zudem weniger subjektiv sondern vielmehr objektiv, emotionslos und diszipliniert. [6] Quantitatives Trading wird angewandt, um Handelsmöglichkeiten zu identifizieren, indem statistische Methoden und quantitative Analysen der historischen Daten verwendet werden. Der quantitative Handel bezieht sich auf Informationen, die quantifizierbar sind, wie makroökonomische Ereignisse und Kursdaten von Wertpapieren. Bei quantitativen Handelsmodellen greift der Mensch in der Regel nur noch selten ein, da grundsätzlich vollautomatisierte Computerprogramme und Algorithmen die Handelsentscheidungen aufgrund der vorher festgelegten Parameter, wie z.B. Handelssignale, treffen.

#### 2.1.2 Statistisches Arbitrage

Gemäß Avellaneda und Lee (2008) beinhaltet der Begriff statistische Arbitrage Investmentstrategien, die Datenströme mit computergesteuerten Algorithmen auswerten, welche auf den Methoden der Ökonometrie basieren. [7] Die statistische Arbitrage nutzt dabei die Segmentierung der Märkte und Diversifikation der Wertpapiere. Somit können gleichwertige Wertpapiere an unterschiedlichen Börsen mit marginalen Kursabweichungen gehandelt werden. [8] Das bedeutet eine Arbitragemöglichkeit existiert in der Regel dann, wenn ein identisches Wertpapier an zwei oder mehr Finanzmärkten gehandelt wird, aber unterschiedliche Kurse aufweist. Somit ist es theoretisch möglich, durch den sofortigen Kauf oder Verkauf an unterschiedlichen Börsen einen risikolosen Gewinn zu generieren. Die Statistische Arbitrage folgt also dabei dem Ansatz, diejenigen Anlagen zu kaufen, die für das Long-Portfolio unterbewertet und diejenigen zu verkau-

---

[6] Vgl. Sauer (2002), S. 163, 174.
[7] Vgl. Avellaneda / Lee (2008), S. 1-2.
[8] Vgl. Hogan et al. (2003), S. 28.

fen die für das Short-Portfolio überbewertet sind.[9] In einem vollkommenen Geld- und Kapitalmarkt wäre dies möglich, wo keine Steuern, Transaktionskosten oder Opportunitätskosten usw. existieren. Dies ist in der Realität aber nicht gegeben. Man kann deshalb nur von erwarteter Arbitrage ausgehen.[10] Die Idee hinter der statistischen Arbitrage ist eine Methode, die unkorreliert zur aktuellen Marktentwicklung und eine niedrige Volatilität aufweist. Bei statistischer Arbitrage werden generell keine langfristigen Anlagepositionen bezogen. Die Haltezeiten liegen im Bereich von wenigen Sekunden bis zu Tagen, Wochen oder länger.[11]

## 2.2 Statistische Arbitragemöglichkeiten durch Pairs Trading

### 2.2.1 Darstellung der quantitativen Pairs Trading Strategie

Pairs Trading ist eine marktneutrale Investitionsstrategie in ihrer einfachsten Art.[12] Bei dieser werden zwei Anlagemöglichkeiten gegeneinander gehandelt, welche als „Paar" definiert werden.[13] Entscheidend für den Erfolg des Pairstraders ist die Entwicklung der absoluten Preisdifferenz zwischen den beiden Finanzinstrumenten, der sog. Spread (Preis Aktie A - Preis Aktie B[14]). Unter dem Spread versteht man die Differenz des Kurses zwischen den beiden ausgewählten Anlagetiteln. Dieser stellt im weiteren Verlauf die Grundlage für Arbitragespekulationen dar.[15] Ein Pairstrader setzt ein mittel- oder langfristiges sinnvolles Gleichgewicht zwischen den berücksichtigten Anlagen voraus.[16]

Im folgenden Verlauf wird beispielhaft ein Pairs Trade zum Verständnis angeführt. Das Vorgehen dieser Handelsstrategie kann hierfür in drei Schritte unterteilt werden. Der erste Schritt umfasst die Identifikation und Auswahl zwei gleichwertiger Aktien. Dazu betrachtet und analysiert der Händler über eine längere Periode die Entwicklung verschiedener Wertpapiere und deren Spreads.[17] Unter Einbeziehung diverser statistischer Methoden lassen sich auf Grundlage dieser Betrachtung Paare erschließen, welche mit einer hohen Wahrscheinlichkeit auch in der Gegenwart wieder einen gleichwertigen Verlauf aufweisen.[18] Zum Beispiel ist ein gleichbleibender Spread-Verlauf ein Indika-

[9] Vgl. Ehrmann (2004), S. 90f.
[10] Vgl. Nath (2003), S. 2.
[11] Vgl. Avellaneda / Lee (2008), S. 1-2.
[12] Vgl. Gatev et al. (1999), S. 2.
[13] Vgl. Ehrmann (2004), S.2.
[14] Vgl. Whistler (2004), S. 42ff.
[15] Vgl. Chng (2007), S. 5f.
[16] Vgl. Elliot et al. (2005), S. 271.
[17] Vgl. Gatev et al. (2006), S. 808.
[18] Vgl. Whistler (2004), S. 3.

tor für ein geeignetes Paar.[19] Nachdem der Trader davon überzeugt ist ein geeignetes Aktienpaar identifiziert zu haben, wird er im nächsten Schritt, der sogenannten „Trading Period", selbst im Markt aktiv.[20] Durch Abweichungen vom prognostizierten Spread werden Handelssignale, welche vorher in Ihrer Höhe definiert werden[21], ausgelöst und der Investor versucht einen Arbitragegewinn zu erzielen.[22] Dazu geht er eine Long-Position (Kauf) bei einer unterbewerteten Aktie ein und eine Short-position(Verkauf) bei einer überbewerteten Aktie. Unter der Annahme, dass sich die Kurse der beiden Wertpapiere ihrem langläufigen Mittelwert wieder annähern, kann der Pairs Trader im dritten Schritt einen Gewinn realisieren. Dazu werden die vorher eingegangenen Positionen aufgelöst, sobald die Aktien ihre gewohnte Schwankungsbreite erreicht haben. Hier ist zu erwähnen, dass sowohl Gewinn- als auch Verlustszenarien möglich sind und es sich nicht um ein risikoloses Verfahren handelt.

In Abbildung 1 wird das geschilderte Szenario vereinfacht graphisch dargestellt.

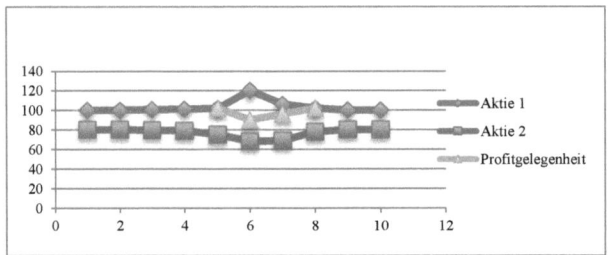

Abbildung 1

In diesem Beispiel existieren zwei fiktive Aktientitel, die ein Investor als potentielles Paar für einen Pairs Trade am Markt identifiziert hat. In Periode 1 wird die Aktie 1 mit 100 Euro gehandelt, Aktie zwei mit 80 Euro. Der Mittelwert der Preisdifferenz beläuft sich in diesem Beispiel auf 20 Euro. In den ersten 5 Perioden ist ein gleichlaufender Spread zu erkennen. Durch Marktschwankungen wird die Aktie 1 nun mit 120 Euro bewertet und die Aktie 2 mit 68 Euro. Die neue Preisdifferenz beträgt nun 52 Euro und hat sich damit vom Schwankungsbereich um den Mittelwert distanziert. Dies würde zur Folge haben, dass in der Portfoliobildung bei Aktie 2 eine Long-Position (Kauf) eingegangen wird und gleichzeitig ein Leerverkauf der teureren Aktie 1 (Short) erfolgt. Dadurch würde sich eine Arbitragemöglichkeit von 32 Euro ergeben. In Periode 8 nähern sich die Aktienkurse ihrem ursprünglichen Gleichverlauf an. Die Profitgelegenheiten werden durch die grüne Kurve in Abbildung 1 angezeigt. Zwischen der grünen und

---

[19] Vgl. Elliot et al. (2005), S. 271.
[20] Vgl. Gatev et al.(2006), S. 808.
[21] Vgl. Papadakis / Wysocki (2007), S. 8f.
[22] Vgl. Vidyamurthy (2004), S. 84ff.

der blauen Kurve (Aktie 1) bestehen diese Profitgelegenheiten, also von der Periode T=5 bis T= 8. Im Anschluss werden beide Positionen mit einer Glattstellung aufgelöst. Somit wäre der Pairs Trade erfolgreich durchgeführt worden. Im Konzept des Pairs Trading ist der Gedanke der relativen Bewertung von großer Bedeutung.[23] Die Idee dahinter ist, dass wenn zwei Wertpapiere die gleichen Eigenschaften aufweisen, die Kurse mehr oder weniger gleich sein müssen. Die Kursdifferenz zwischen beiden Positionen wird als unterschiedliche Beobachtung des Marktes beschrieben. Je größer dieser Preisunterschied wird, desto mehr ist eine Fehlbewertung anzunehmen und umso profitabler kann ein Marktbeitritt werden. Einer der wichtigsten Erfolgsfaktoren der Pairs-Trading-Theorie ist die Korrelation zwischen Wertpapieren.[24] Dazu erfolgt im Abschnitt 2.2.5 eine genauere Erläuterung.

Zusammengefasst entwickelt sich der Pairs Trade aus der statistischen als auch fundamentalen Analyse von Datensätzen über einen bestimmten Zeitraum und der Identifikation von Gleichgewichtsabweichungen. Gemäß der wissenschaftlichen Theorie und den Bedingungen eines effizienten Marktes, ist eine kurzzeitige Abweichung der Preise nicht möglich.[25]Somit könnten aus theoretischer Perspektive keine spekulativen, positiven Arbitragegewinne aus dem Pairs-Trading-Ansatz erzielt werden. Dieser Ansicht wird allerdings im Hauptteil dieser Untersuchung durch die Analyse mehrerer empirischer Ergebnisse widersprochen.

Die Methoden zur Identifizierung eines geeigneten Trading Paares werden folglich dargestellt.

## 2.2.2  Kointegrationsansatz

Das ökonometrische Konzept der Kointegration stammt von Granger und Engle, diese haben mit der Weiterentwicklung des Konzepts das Anwendungsgebiet der modernen Zeitreihenanalyse Mitte der 1980er Jahre maßgeblich erweitert.[26] Dieses besagt, dass bei bestehen einer kointegrativen Beziehung zwischen zwei Variablen (hier Aktienpreise), ein langfristiges ökonomisches Gleichgewichtsverhältnis innerhalb der Betrachtungsperiode erfolgen wird.[27] Man kann also mit Hilfe des gefundenen Zusammenhangs eine Prognose über den weiteren Verlauf der Zeitreihe aufstellen. Allerdings kann es zu kurzzeitigen Abweichungen in der Beziehung kommen. Diese haben im Falle der Koin-

---

[23] Vgl. Vidyamurthy (2004), S. 74.
[24] Vgl. Whistler (2004), S. 51ff.
[25] Vgl. Perlin (2007a), S. 1.
[26] Vgl. Hassler (2000), S.3, für eine ausführlichere Darstellung des Konzepts der Kointegration.
[27] Vgl. Assenmacher (2002), S. 279.

tegration in der Zukunft keine weitreichenden Effekte und beeinträchtigen somit grundsätzlich nicht den Zusammenhang.[28] Die Spreads kointegrierter Paare entwickeln sich
jedoch nach einer gewissen Zeit wieder zum langfristigen Mittel zurück.[29] Dadurch
können positive Ergebnisse mit Pairs Trading in der Handelsphase erzielt werden. Allgemein stellt das Konzept eine wichtige theoretische und methodische Basis der Pairs
Trading Strategie dar.[30] Damit ist es möglich Paare zu finden, welche womöglich keine
fundamentalen und statistischen Parallelen aufzeigen.[31]

### 2.2.3 Fundamentalanalyse-Ansatz

Dass die Wertpapierkurse von zwei Unternehmen, welche ähnliche Eigenschaften aufweisen, eine gemeinsame Entwicklung zeigen ist eine logische Annahme.[32] Pairs Trader
die sich auf fundamentale Analysen beziehen nehmen sogar ein langfristiges Gleichgewicht an. Die fundamentale Analyse ist nach Whistler (2004) eine wichtige Grundlage
um möglicherweise viele Fehler zu vermeiden, wenn die statistischen Verfahren falsch
liegen. Die Kombination aus fundamentaler Analyse und Statistiken könnte einen Pairs
Trader effektiver machen.[33] Bei der fundamentalen Analyse werden qualitative Faktoren von Unternehmen betrachtet, damit vergleichbare Unternehmen identifiziert werden. Jedoch können ebenso quantitative Eigenschaften als Vergleichsindikatoren dienen
(Umsatz, Gewinn etc.).[34] Somit würde eine fundamentale Pairs Trading Strategie auf
der Annahme beruhen, dass die Aktienpreise von vergleichbaren Unternehmen hinsichtlich interner und externer Einflüsse einen ähnlichen Verlauf nähmen.[35] Die Auswahl
und die Anzahl der Einflussgrößen sind rein subjektiv. Dadurch kann nicht, wie beim
Pairs Trading, ein eindeutiges Gleichheitsmaß gewählt werden und stellt sich somit als
eine bedeutende negative Eigenschaft des Konzepts dar. Dieser Ablauf gleicht der nor-
malen klassischen Long-Investment Methode,[36] bei dieser der innere Wert von Unternehmen versucht wird zu ermitteln und diesen zu vergleichen.[37] Die Methode ist deutlich spekulativer als die des Pairs Trading und somit auch risikoreicher. Daher setzen
auch institutionelle Investoren vermehrt auf quantitative Analysemethoden.[38]

---

[28] Vgl. Geppert / Hübner (1999), S.11.
[29] Vgl. Hull (2006), S.719ff.
[30] Vgl. Chng (2007), S. 5.
[31] Vgl. Burgess (2003, S. 49.
[32] Vgl. Whistler (2004), S. 5ff.
[33] Vgl. Whistler (2004), S. 8.
[34] Bsp. für fundamental begründete Paare auf Aktienmärkten sind zum Beispiel Nike und Adidas.
[35] Vgl. Ehrmann (2006), S.226ff.
[36] Vgl. Whistler (2004), S. 113f.
[37] Vgl. Ehrmann (2006), S. 46.
[38] Vgl. Gatev et al. (2006), S. 808, Ehrmann (2006), S. 91.

#### 2.2.4 Distanzansatz

Sowohl in Studien als auch in der realen Anwendung soll das Distanzmessverfahren als Identifikationsansatz maßgeblich sein.[39]Diese Methode beschreibt die Ähnlichkeit eines möglichst gleichen Verlaufs zweier Aktienkurse durch deren Abstand zueinander. Die Distanz soll dabei minimal sein. Grundlegend wird die Summe der Differenzen für alle potentielle Aktienpaare berechnet und eine vom Investor abhängige Menge von best-möglichen Paaren mit möglichst geringem Wert verwandt.[40] Da hier in der Summe be-trachtet die wenigsten Abweichungen vorliegen, nimmt der Pairs Trader eine gemein-same Tendenz und eine gleichmäßige Entwicklung der Kurse auf längere Sicht an. Dies ist jedoch ein Nachteil, da dies meist nur für relativ kurze Zeit der Fall ist.

#### 2.2.5 Korrelationsansatz

Die Korrelation kann ebenfalls zu den zuvor dargestellten Identifikationsverfahren eine wichtige mathematische Methode sein. Hierzu wird das allgemeine Verfahren der Kor-relation verwendet.[41] Die Korrelation ist ein Maß für die gemeinsame Variation von zwei Variablen. Der Korrelationskoeffizient ist ein Indikator für die Stärke und die Richtung des Zusammenhangs der beiden Variablen. Im Kontext des Pairs Trading be-schreibt dieser Ansatz die Beziehung zwischen zwei Aktien. Bei positiver Korrelation ist davon auszugehen, dass beide Titel in dieselbe Richtung verlaufen. Zur Risikobeur-teilung wird oft der Korrelationskoeffizient angewandt. Dieser misst die Stärke des li-nearen Zusammenhangs.[42] Das Intervall reicht von -1(negativer Zusammenhang) bis +1(perfekt positiver Zusammenhang). Für Pairs Trader ist dieses Maß ein Auswahlkri-terium, welches in der Praxis simpel umzusetzen ist und eine eindeutige Reihung poten-tieller Paare sowie eine Abschätzung der Güte ermöglicht.[43] Als Faktengrundlage für die Analyse werden Preisreihen und fundamentale Kennzahlen, wie das Kurs-Umsatz-Verhältnis, verwendet. Ein Nachteil könnte hierbei sein, dass sich die Korrelationser-gebnisse über den Zeitverlauf ändern.

Zusammengefasst kann man feststellen, dass die statistischen Verfahren den fundamen-talen Analysen gegenüber vorteilhafter sind. Allerdings ist es mit statistischen Verfah-ren nicht möglich zukünftige Entwicklungen oder Kursverläufe vorherzusagen.[44] Das Konzept der Kointegration erweist sich als gute Alternative, da dieses eine umfangrei-

[39] Vgl. Gatev et al. (1999), S.11.
[40] Vgl. Do et al. (2006), S. 3.
[41] Vgl. Whistler (2004), S. 59 – 64 für eine ausführlichere Anwendung.
[42] Vgl. Mosler / Schmid (2011), S. 203.
[43] Vgl. Pole (2007), S. 21f.
[44] Vgl. Do et al. (2006), S. 4.

chere und intensivere Untersuchung der Preisreihen ermöglicht, als auch eine Darstellung des zukünftigen Entwicklungsverlaufs. [45] Wie bereits erwähnt, wäre eine Kombination der unterschiedlichen Methoden vermutlich am effektivsten.

## 3. Analyse empirischer Ergebnisse

Hinsichtlich der Untersuchung der Profitabilität durch die statistische Arbitrage Pairs Trading Strategie gibt es bisher nur relativ wenig wissenschaftliche Studien. Bei den meisten empirischen Studien stand dabei der US-Aktienmarkt im Mittelpunkt. Zur Beurteilung, ob Pairs Trading eine erfolgreiche Handelsstrategie darstellt, werden dazu im folgenden die bedeutsamsten Studien untersucht.

Die meist zitierteste[46] und maßgeblichste empirische Studie ist die von Gatev et al. (2006).[47] Die erste Studie (Basis) von Gatev et. al. wurde bereits 1999 veröffentlicht. In ihrer aktuellsten Studie von 2006 untersuchten und berechneten die Autoren die Rendite- und Risikoeigenschaften durch den Pairs-Trading-Ansatz im US-amerikanischen Aktienmarkt von 1962 bis 2002 auf der Basis von täglichen Schlusspreisen des Marktes. Dazu mussten im ersten Schritt die Preisreihen normalisiert werden um ganzheitliche Vergleiche zu erlauben. In dem Papier untersuchten sie auch den Einfluss von Transaktionskosten und Leerverkaufsgebühren hinsichtlich der Rendite im Pairs Trading. Gatev et al. teilen seit Beginn Ihrer Untersuchung die Implementierung beim Paarhandel in zwei Phasen ein. In die sogenannte Formations-/Identifikationsphase, die sich über einen Zeitraum von 12 Monaten, und in die Handelsphase die sich über 6 Monate erstreckt. Beide Zeiträume wurden hierbei eher willkürlich festgesetzt wurde. Bei der Identifikation von potentiellen Aktienpaaren nutzten die Autoren das Einfache „Minimum Distance criterion"[48]. Dabei wird, auf Grundlage des zunächst berechneten Gesamt-Rendite-Indexes von Aktien, zu einer bereits gewählten Aktie ein Wertpapier gesucht, bei dem die Summe der quadratischen Abweichungen zwischen den beiden normalisierten Preisen minimal ist.[49] In der Studie wurden jeweils die Top 5 und 20 Paare mit dem kleinsten Distanzmaß aufgegriffen. Das Öffnen und Schließen von Paaren basiert in der Praxis auf einem allgemeinen Standardabweichungsverfahren. Bei einer Abweichung von mehr als zwei historischen Standardabweichungen wird das Handelssignal ausgelöst bzw. der Trade geöffnet. Der Trade wird geschlossen, sobald er sich

---

[45] Vgl. Do et al. (2006), S.5ff.
[46] Vgl. Krauss (2015), S. 2.
[47] Vgl. Gatev et al. (2006), S. 797ff. bzw. S. 1 ff.
[48] Vgl. Gatev et al. (2006), S. 11.
[49] Vgl. Kähler (2007), S. 79 zur ausführlichen Darstellung der Normalisierung.

dem Mittelwert annähert. Die Resultate der Studie von Gatev et al. sind auch nach der Berücksichtigung von Leerverkaufsgebühren, Transaktionskosten usw. beachtlich. Im Durchschnitt konnte einzig der Handel mit den passenden fünf Top Aktienpaaren eine jährliche Überschussrendite von mehr als 11 Prozent erzielen. Die Betrachtung der gesamten 20 Paare erhöhte minimal die durchschnittliche Jahresrendite. Die Studie weist in ihrer Handelsstatistik eine sehr gute Qualität der Paarformationen auf. Im Verlaufe der Untersuchungsreihen absolvierten mehr als 95 Prozent der ausgewählten Paare konkret Handelsphasen, was bedeutet, dass diese sich mindestens einmal von Gleichgewichtsbereich distanzierten. Nach ca. 4 Monaten kamen die Paare wieder in das Gleichgewicht (Mittelwertrückkehr) und die Positionen wurden geschlossen. Daraus schlussfolgerten Gatev et al., dass quantitatives Pairs Trading eine mittelfristige Anlagestrategie ist. Weiterhin stellten Sie auch fest, dass die Kombination mehrerer Paare Diversifikationsmöglichkeiten bieten. Wenn die Menge der Paare in einem Portfolio steigt, sinkt die Portfoliostandardabweichung und daraus folgt, dass das Risiko der Strategie relativ gering ist. Zur Einschätzung des Risikos wurde dazu der Value at Risk berechnet. In der 40 jährigen Untersuchungsperiode betrug der monatliche Verlust für das Portfolio mit den fünf besten Paaren 12,6%, und 8,2% für das Top-20-Portfolio. Einmal in hundert Monaten verlor das Portfolio mehr als 4,32% des Wertes bzw. 1,94% bei den Top 20 Paaren. Daraus lässt sich schlussfolgern, dass Pairs Trading nach Gatev et al. eine äußerst attraktive, profitable Handelsstrategie ist, auch wenn man die Risiken auf das Gesamtergebnis nicht unbeachtet lassen sollte.

Eine Erweiterung der Studie von Gatev et al. findet man in der Untersuchung von Papadakis & Wysocki (2007) wieder[50]. Die Wissenschaftler verwendeten nahezu die selbige Strategie, jedoch mit einem anderen Datensatz und unter der Berücksichtigung von Accounting-Ereignissen z.B. Bilanzveröffentlichungen etc. Sie beobachteten dabei ein US-amerikanisches Aktienportfolio von 1981 bis 2006 und fanden heraus, dass die Renditen im Zeitverlauf erheblich abwichen und sogar rückläufig waren. Für den gesamten Untersuchungszeitraum dokumentierten die Autoren eine eher geringe annualisierte Überschussrendite von ca. 7,7% durchs Pairs Trading. Dies rechtfertigen die Autoren damit, dass sie einen jüngeren Zeitraum untersuchten. Betrachtet wurden auch die Top 20 der passenden Paare aus der Formationsperiode. In der ersten Teilperiode (1981 – 1993) erzielte die Strategie eine Jahresrendite von 10,94 Prozent. In der zweiten Teilperiode (1993 – 2006) erzielte die Strategie nur noch einen Ertrag von 4,46 %. Die Au-

---

[50] Vgl. Papadakis / Wysocki (2007), S. 27ff.

toren stellten damit fest, dass buchhalterische Informationsereignisse, wie z.B. Bilanz-veröffentlichungen, einen signifikant negativen Einfluss auf die Rendite der statisti-schen Pairs-Trading-Strategie hatten. Dies beweist ebenfalls, dass die Strategie nicht vollkommen risikolos ist. Zudem dokumentierten die Autoren, dass im Durchschnitt eine Preisabweichung von 5,47% besteht und eine Paar-Position im Schnitt 3,6 Monate geöffnet bleibt. Darüberhinaus fanden sie in Ihrer Studie heraus, dass die Überschuss-renditen sich schrittweise erhöhen, wenn die Schließung einer Paarposition bis weit nach bestimmten Ereignissen, wie Bilanzveröffentlichungen, verzögert wird.

Do und Faff (2009) replizierten in ihrer Studie ebenfalls die Methodik von Gatev et al. für das US-CRSP-Aktienspektrum. Jedoch erweiterten sie den Stichprobenzeitraum um 7 Jahre bis 2009.[51] Sie stellten eine rückläufige Profitabilität fest, größtenteils begründet durch den zunehmenden Anteil nichtkonvergierender Paare. Zusätzlich wurde in ihrer Studie versucht das zuvor erkannte Problem von Papadakis und Wysocki zu umgehen. Dazu modifizierten sie den Gatev-et al.-Algorithmus, sodass wenn der Schwellenwert innerhalb von 5 Tagen nach einem Rechnungslegungsereignisses überschritten wurde, um weitere Abweichungen zu vermeiden, nicht gehandelt wurde. Außerdem bedienten sie sich feinerer Auswahlkriterien, um die Identifikation von Paaren zu verbessern. Sie verwandten ausschließlich die Zusammenführung von Paaren aus den 48-Fama-French-Industrien.[52] Diese Restriktion hatte den Vorteil aussagekräftigere Paare zu erschließen und Scheinkorrelationen zu minimieren. Jedoch auch den Nachteil verpasster Handels-möglichkeiten zwischen Branchenpartnern. Die Wissenschaftler fanden heraus, dass 32 Prozent aller identifizierter Paare, basierend auf dem Distanzmessverfahren, nicht über-einstimmen.

Ebenfalls erstellte Kuo (2004) seine empirische Untersuchung auf Grundlage von Gatev et al.[53] Er fokussierte sich in seiner Studie vor allem auf die Optimierung der Strategie bezüglich der Veränderung der Handelsparameter/-Signale. Dabei untersuchte er den amerikanischen Aktienmarkt von 1998 bis 2003. Hier dokumentierte Kuo einen idealen Zeitraum der Identifikationsphase für Paare von 10 Monaten und einer optimalen Han-delssignalgrenze von 1,5 Standardabweichungen. Anhand der Optimierung der Parame-ter konnte ein annualisierter Profit von beinahe 19 Prozent erzielt werden, welcher eine deutliche Steigerung gegenüber der Gesamtrendite von Gate et al. darstellt.

---

[51] Vgl. Do/ Faff (2009), S. 1 ff.
[52] Vgl. Weiner (2005), S. 7-8, für eine ausführliche Definition.
[53] Vgl. Kuo (2004), S. 1 f.

Jacobs und Weber (2015) wählten mit 200 Millionen Aktienpaaren aus 34 internationalen Märkten den mit Abstand größten Untersuchungsgegenstand.[54] Sie testeten ebenfalls eine Variante von Gatev et al., bezogen auf die Teilmenge des US-Marktes zwischen 1960-2008, um die Quellen der Profitabilität der Paare zu untersuchen. Sie halten die Pairs-Trading-Renditen für ein anhaltendes Phänomen. Eine wichtige Erkenntnis aus ihrer Studie ist das die Art von Informationen, die zu Paar-Divergenzen führen. Die Dynamik der Aufmerksamkeit der Händler sowie die Dynamik der Arbitrage-Limits sind wichtige Faktoren für die zeitabhängige Performance der Pairs Trading Strategie. Jedoch ist die wichtigste Erkenntnis während der großen Stichprobe auf dem US-Aktienmarkt, dass der Paarhandel mit einer bedingungslosen monatlichen Rendite von 100 Basispunkten äußerst profitable erscheint.

Andrade et al. (2005) betrachteten in ihrer Studie die Profitchancen von Pairs Trading in Taiwan. [55] Dabei lag der Betrachtungszeitraum der Datensätze im Aktienmarkt zwischen 1994 und 2002. Die Vorgehensweise basierte ebenfalls auf dem Konzept von Gatev. et al. Es gab keinerlei strategische Variation. Wieder konnte ein Profit von mehr als 10% pro Jahr für das fiktive Portfolio generiert werden. Anstatt des Value at Risk als Risikomaß, wählten die Autoren für die Analyse des Risikoprofils die Sharpe Ratio. Diese Kennzahl misst die Überrendite der Aktie pro Risikoeinheit. Die Sharpe Ratio zeigte für das Pairs Trading durchweg viel höhere Werte als der Marktdurchschnitt.[56]

Eine weitere wichtige Studie ist die von Perlin (2007).[57] Er änderte seine Strategie im Gegensatz zu Gatev et al. minimal ab, indem er die identifizierten Paare z.B. sowohl täglich als auch wöchentlich und monatlich handelte. Darüberhinaus setzte er mehrfach verschiedene Handelsgrenzen und stellte einen Zusammenhang zu den Handelsergebnissen fest. Dabei war seine wichtigste Erkenntnis, dass der tägliche Handel mehr Renditechancen ermöglichte, als der wöchentliche oder monatliche Handel mit Paaren.

Allgemein kann man anhand der empirischen Studien resümieren, dass der Pairs Trading Ansatz in vielen fällen eine profitable Investmentstrategie gewesen wäre. Auch unter der Berücksichtigung von Transaktionskosten und Leerverkaufsgebühren. Das Risiko ist zudem als gering einzustufen, dass wurde vor allem durch die geringen Werte des Value at Risk und der Sharpe Ratio deutlich. Das Pairs Trading ist theoretisch einfach Anzuwenden, jedoch mit viel Aufwand bei der Implementierung verbunden.

---

[54] Vgl. Jacobs / Weber (2014), S. 1 ff.
[55] Vgl. Andrade et al. (2005), S. 1 ff.
[56] Vgl. Gatev et al. (2006), S. 817.
[57] Vgl. Perlin (2007a), S. 1ff.

## 4. Schlussfolgerung und Aussicht

Das Ziel dieser Hausarbeit war hauptsächlich die Untersuchung, ob die quantitative Pairs Trading Methode generell eine profitable und risikolose Investmentstrategie darstellt.

Im zweiten Kapitel wurde die theoretische Basis geschaffen. Dazu wurden wichtige Ansätze und beispielhaft ein Pairs Trade vorgestellt. Bei den Ansätzen wurde auch der Aspekt der fundamentalen Analyse abgegrenzt. Im Hauptteil wurden empirischer Studien aus jüngster Vergangenheit im Hinblick auf die Performance und das Risiko ausgewertet und miteinander verglichen. Vor allem auf dem US-amerikanischen Aktienmarkt konnten erfolgsversprechende Ergebnisse nachgewiesen werden. Auf diese hatten Transaktionskosten und Leeverkaufsgebühren keinen signifikanten Einfluss. Darüberhinaus konnte in dieser Untersuchung festgestellt werden, dass die Profitabilität beim Pairs Trading unter anderem abhängig von den gewählten Identifikationsmethoden war. Dabei zeigte sich der Kointegrationsansatz und der fundamentale Ansatz besonders erfolgreich bei der Paarfindung. Die Renditen lagen hier über den Methoden des Distanz- und Korrelationsansatzes. In der Untersuchung stellte sich auch heraus, dass beim täglichen Handel das größte Renditepotential lag. Risikofaktoren erfolgten aus der falschen Prognose zukünftiger Kursverläufe, strategische Fehler und externe Ereignisse. Das Risiko beim Pairs Trading konnte durch Diversifikationsmaßnahmen oder eine Kombination von Identifikationsverfahren verringert werden. Als Risikomaße verwendeten die Wissenschaftler in ihren Studien entweder den Value at Rist und die Sharpe-Ratio. Optimierungsmöglichkeiten bestehen in der Variation der Handelssignale, der unterschiedlichen Zeiträume der Identifikations- und Handelsperioden und der Menge der gehandelten Aktienpaare. Pairs Trading lässt sich somit als profitable Investitionsstrategie mit geringem Risiko, aber relativ hohem strategischem Aufwand zusammenfassen.

Das Pairs Trading Konzept wird überwiegend von quantitativen Hedge- Fonds oder speziellen Arbitrageuren angewendet. Quantitative Anlagemethoden stellten sich in den Finanzkrisen robuster als die spekulativen klassischen Anlagestrategien und gewinnen immer mehr Vertrauen institutioneller Anleger. Unter der Berücksichtigung der Digitalisierung und der aktuellen Weltwirtschaftslage ist zu erwarten das sich die Renditechancen, zu den bis dato erstellten empirischen Studien, ausgeweitet haben. Die quantitativen Investmentstrategien bieten daher noch viel Forschungsspielraum.

**Literaturverzeichnis**

Andrade, Sandro C.; Seasholes, Mark S. und Vadim Di Pietro (2005): Understanding the Profitabiliy of Pairs Trading, Arbeitspapier.

Assenmacher, Walter (2002): Einführung in die Ökonometrie, 6. Aufl., München, Oldenbourg.

Avellaneda, Marco; Jeong-Hyun Lee (2008): Statistical Arbitrage in the U.S. Equities Market, Arbeitspapier.

Burgess, Neil (2003): Using Cointegration to Hedge and Trade International Equities, in: Laws, Jason; Dunis, Christian L.; Naim, Parick (Hrsg.): Applied Quantitative Methods for Trading and Investment, Wiley, Chistester, UK , S. 49.

Chng, Michael T. (2007): Understanding the Risks in and Rewards for Pairs Trading, Arbeitspapier.

Do, Binh; Faff, Robert; Hamza, Kais (2006): A New Approach to Modeling and Estimation for Pairs Trading, Arbeitspapier.

Do, Binh; Faff, Robert (2009): Does Naive Pairs Trading Still Work?, Arbeitspapier.

Ehrman, Douglas S. (2006): The Handbook of Pairs Trading, Strategies using Equities, Options and Futures, Hoboken, Wiley.

Elliot, Robert J; Van Der Hoek, John und Malcom, William P. (2004): Pairs Trading, Quanitative Finance, Arbeitspapier.

Gatev, Evan G.; Goetzmann, William M.; Rouwenhorst, Geert K. (1999): Pairs Trading, Performance of a Relative Value Arbitrage Rule, Arbeitspapier.

Gatev, Evan G.; Goetzmann, William M.; Rouwenhorst, Geert K. (2006): Pairs Trading, Performance of a Relative Value Arbitrage Rule, Arbeitspapier.

Geppert, Frank; Hübner, Roland (1999): Korrelation oder Kointegration, Eignung für Portfoliostrategien am Beispiel verbriefter Immobilienanlagen, Arbeitspapier.

Hassler, Uwe (2000): Leitfaden zum Testen und Schätzen von Kointegration, in: Arbeiten mit ökonometrischen Modell: Gaab, Werner; Wolters, Jürgen; Heilemann, Ulrich (Hrsg.): Arbeiten mit Ökonometrischen Modellen, Physica, Heidelberg, S. 85 – 115.

Hogan, Steve; Jarrow, Robert A.; Teo, Melvin und Warachka, Mitch (2003): Testing Market Efficiency using Statistical Arbitrage with Applications to Momentum and Value Strategies, Arbeitspapier.

Hull, John C. (2006): Options, Futures and Other Derivates, 6 Aufl., Boston, Pearson.

Jacobs, Heiko und Weber, Marco (2014): On the Determinants of Pairs Trading Profitability, Arbeitspapier.

Kähler, Wolf-Michael (2007): Statistische Datenanalyse, Verfahren verstehen und mit SPSS gekonnt einsetzen 5. Aufl., Wiesbaden, Vieweg.

Kuo, Roger S. (2004): Improving Pairs Trading with Response Surface Methodology, Arbeitspapier.

Mosler, Karl und Schmid, Friedrich (2011): Wahrscheinlichkeitsrechnung und schließende Statistik, 4. Aufl., Springer, Heidelberg.

Nath, Purnendu (2003): High Frequency Pairs Trading with U.S. Treasury Securities: Risks and Rewards for Hedge Funds, Arbeitspapier.

Papadakis, George und Wysocki, Peter (2007): Pairs Trading and Accounting Information, Arbeitspapier.

Perlin, Marcelo S. (2007a): Evaluation of Pairs Trading Strategy at the Brazilian Financial Market, Arbeitspapier.

Pole, Andrew (2007): Statistical Arbitrage, Algorithmic Trading Insights and Techni ques, Hoboken, Wiley.

Sauer, Andres (2002): Strukturiertes Portfoliomanagement, Mit quantitativen Methoden auf der Suche nach dem Alpha, in: Kleeberg, Jochen M.; Rehkugler, Heinz (Hrsg.): Handbuch Portfoliomanagement, Strukturierte Ansätze für ein modernes Wertpapiermanagement, Bad Soden/Ts., Uhlenbruch, S. 161-181.

Vidyamurthy, Ganapathy (2004): Pairs Trading, Qunatitative Methods und Analysis, Hoboken, Wiley.

Weiner, Christian (2005): The Impact of Industry Classification Schemes on Financial Research, Arbeitspapier.

Whistler, Mark (2004): Trading Pairs, Capturing Profits and Hedging Risk with Statistical Arbitrage Strategies, Hoboken, Wiley.